一五七四	三十八さい	織田信長《おだのぶなが》から浅井氏《あざいし》の領土《りょうど》の十二万石《じゅうにまんごく》をゆずりうけ、大名《だいみょう》となる 羽柴秀吉《はしばひでよし》と名《な》のるようになる
一五八〇	四十四さい	三木城《みきじょう》を兵糧《ひょうろう》ぜめでほろぼす（三木《みき》の干《ほ》ごろし）
一五八二	四十六さい	六月二日《がつふつか》、織田信長《おだのぶなが》が明智光秀《あけちみつひで》にせめられ自害《じがい》する（本能寺《ほんのうじ》の変《へん》） 六月《がつ》十三日《にち》、明智光秀《あけちみつひで》をたおす（山崎《やまざき》の戦《たたか》い） 七月《がつ》、太閤検地《たいこうけんち》をはじめる
一五八三	四十七さい	大阪城《おおさかじょう》をきずきはじめる
一五八四	四十八さい	四月《がつ》、小牧《こまき》・長久手《ながくて》の戦《たたか》いで徳川家康《とくがわいえやす》とひきわける
一五八五	四十九さい	大阪城《おおさかじょう》の天守閣《てんしゅかく》ができあがる
一五八七	五十一さい	北野天満宮《きたのてんまんぐう》で大茶会《だいちゃかい》をひらく
一五八八	五十二さい	刀狩令《かたながりれい》を出《だ》す
一五九〇	五十四さい	北条氏《ほうじょうし》の小田原城《おだわらじょう》、奥州《おうしゅう》を平定《へいてい》し、天下統一《てんかとういつ》をなしとげる
一五九二	五十六さい	十五万人《じゅうごまんにん》の大軍《たいぐん》で朝鮮《ちょうせん》に出兵《しゅっぺい》（文禄《ぶんろく》の役《えき》）
一五九七	六十一さい	朝鮮半島《ちょうせんはんとう》にふたたび出兵《しゅっぺい》（慶長《けいちょう》の役《えき》）
一五九八	六十二さい	八月《がつ》、病気《びょうき》のため伏見城《ふしみじょう》でなくなる

この本《ほん》について

『よんで しらべて 時代《じだい》がわかる ミネルヴァ日本《にほん》歴史人物伝《れきしじんぶつでん》』シリーズは、日本《にほん》の歴史上《れきしじょう》のおもな人物《じんぶつ》をとりあげています。

前半《ぜんはん》は史実《しじつ》をもとにした物語《ものがたり》になっています。有名《ゆうめい》なエピソードを中心《ちゅうしん》に、その人物《じんぶつ》の人生《じんせい》や人《ひと》がらなどを楽《たの》しく知《し》ることができます。

後半《こうはん》は解説《かいせつ》になっていて、人物《じんぶつ》だけでなく、その人物《じんぶつ》が生《い》きた時代《じだい》のことも紹介《しょうかい》しています。物《もの》語《がたり》をよんだあとに解説《かいせつ》をよめば、より深《ふか》く日本《にほん》の歴史《れきし》を知《し》ることができます。

歴史《れきし》は少《すこ》しにがてという人《ひと》でも、絵本《えほん》をよんで楽《たの》しく学《まな》ぶことができます。歴史《れきし》に興味《きょうみ》がある人《ひと》は、解説《かいせつ》をよむことで、さらに歴史《れきし》にくわしくなれます。

■解説《かいせつ》ページの見《み》かた

人物《じんぶつ》についてくわしく解説《かいせつ》するページと時代《じだい》について解説《かいせつ》するページがあります。

文中《ぶんちゅう》の青《あお》い文字《もじ》は、31ページの「用語解説《ようごかいせつ》」で解説《かいせつ》しています。

写真《しゃしん》や地図《ちず》など理解《りかい》を深《ふか》める資料《しりょう》をたくさんのせています。

「もっと知《し》りたい！」では、その人物《じんぶつ》にかかわる博物館《はくぶつかん》や場所《ばしょ》、本《ほん》などを紹介《しょうかい》しています。

「豆《まめ》ちしき」では、人物《じんぶつ》のエピソードや時代《じだい》にかんする基礎知識《きそちしき》などを紹介《しょうかい》しています。

よんでしらべて時代がわかる
ミネルヴァ　日本歴史人物伝

豊臣秀吉《とよとみひでよし》

天下統一への道

監修　小和田 哲男
文　西本 鶏介
絵　青山 邦彦

もくじ

ミネルヴァ書房

ふところであたためたぞうり

いまから五百年《ごひゃくねん》ほどもむかし、日本《にほん》はいくつもの国《くに》にわかれ、どの国《くに》の殿《との》さまも天《てん》下《か》をとりたくて、いくさばかりしていました。いくさになると、お百姓《ひゃくしょう》さんまでもがやりや刀《かたな》をもたされ、戦場《せんじょう》へ行《い》かなくてはなりません。そのかわり、手《て》がらをたてれば、身分《みぶん》の低《ひく》いお百姓《ひゃくしょう》さんであっても、さむらいになることができました。

そのころ、尾張国《おわりのくに》のまずしいお百姓《ひゃくしょう》さんの家《いえ》に、日吉丸《ひよしまる》という男《おとこ》の子《こ》がいました。からだが小《ちい》さくてすばしこく、顔《かお》がサルにそっくりだったので、みんなから小《こ》ザルとよばれていました。とんでもないわんぱく坊主《ぼうず》で、家《いえ》の仕事《しごと》を手伝《てつだ》わず、いくさごっこばかりしていました。こまった両親《りょうしん》が日《ひ》吉丸《よしまる》をお寺《てら》にあずけてもすぐ追《お》いだされ、かじ屋《や》の弟子《でし》や商店《しょうてん》の小僧《こぞう》になっても長《なが》つづきしません。

十五さいのとき、日吉丸《ひよしまる》は
「やっぱりおれは、さむらいになる。」

といって、家《いえ》を出《で》ていきました。

野武士《のぶし》の仲間《なかま》になったり、今川《いまがわ》家《け》の家来《けらい》につかえたりしましたが、日吉丸《ひよしまる》がすばらしいと思《おも》える殿《との》さまは、なかなか見《み》つかりません。そこでひさしぶりにむかしの友《とも》だちのところへ行《い》きました。友《とも》だちは織田信長《おだのぶなが》という殿《との》さまのめしつかいをしていました。

「小《こ》ザル、お前《まえ》も信長《のぶなが》さまにつかえる気《き》はないか。」

友《とも》だちがいいました。

「なに？　あの大《おお》ばか者《もの》という評判《ひょうばん》の若殿《わかとの》さまか？」

日吉丸《ひよしまる》はとんでもないという顔《かお》で、首《くび》を横《よこ》にふりました。そのころの信長《のぶなが》は父《ちち》の信秀《のぶひで》のあとをついだばかりで、ひどいかっこうで町《まち》をぶらつき、馬《うま》のくらに横《よこ》ざまにのって、くだものや野菜《やさい》にかぶりついたりするので、町《まち》の人《ひと》たちから大《おお》ばか者《もの》とかげ口《ぐち》をたたかれていました。

「大《おお》ばか者《もの》なんて、とんでもない。わざとばかのように見《み》せて、よその国《くに》の殿《との》さまを油断《ゆだん》させているのだ。あんな男《おとこ》らしくて、りっぱな殿《との》さまは、ほかにいない。」

友《とも》だちの話《はなし》をきいているうちに日吉丸《ひよしまる》は信長《のぶなが》にあいたいと思《おも》いました。そこで友《とも》だちといっしょに信長《のぶなが》の屋敷《やしき》へ行《い》きました。ちゃんとあってもらえるような身分《みぶん》ではないので、すきをうかがっていると、信長《のぶなが》が弓《ゆみ》のけいこをはじめました。ふたりがうしろでかしこまっていると信長《のぶなが》がいいました。

「なんだ、このサルみたいなやつは。」

「はい、わたしの友《とも》だちの日吉丸《ひよしまる》です。殿《との》さまのところではたらきたいというのでつれてきました。」

信長《のぶなが》がじろりと日吉丸《ひよしまる》を見《み》ました。そのとたん、日吉丸《ひよしまる》のからだがふるえました。

（なんてすごい目《め》だ。まちがいなく天下《てんか》をとる殿《との》さまの目《め》だ。）

日吉丸《ひよしまる》は自分《じぶん》のつかえる殿《との》さまはこの人《ひと》のほかにいないと思《おも》いました。

「よし、わしのぞうりとりにしてやる。」
信長《のぶなが》がいいました。日吉丸《ひよしまる》はもう天《てん》にものぼるここちです。

それから何年《なんねん》ものあいだ、日吉丸《ひよしまる》は必死《ひっし》ではたらきました。あるさむい冬《ふゆ》の日《ひ》の朝《あさ》のことです。信長《のぶなが》がいきなり出《で》てきて、

「ぞうりをもて！」

といいました。日吉丸《ひよしまる》はすぐにとびだし、信《のぶ》長《なが》の前《まえ》にぞうりをおきました。信長《のぶなが》はぞうりをはくなり、日吉丸《ひよしまる》をにらみました。

「おまえはわしのぞうりをしりにしいていねむりをしていたな。へんにぬくいぞ。」

「しりにしくなんて、とんでもありません。殿《との》さまの足《あし》がつめたくないように、ふところであたためていました。」

信長《のぶなが》はそれをきいて、思《おも》わずにこりとしました。日吉丸《ひよしまる》の心《こころ》づかいがうれしくなりました。

「よし、お前《まえ》を今日《きょう》から足軽《あしがる》にとりたてる。」

足軽《あしがる》はいちばん身分《みぶん》の低《ひく》いさむらいです。でも、日吉丸《ひよしまる》はとうとうあこがれのさむらいになることができたのです。

やがて、日吉丸《ひよしまる》はりっぱなさむらいになり、名前《なまえ》も木下《きのした》藤吉郎秀吉《とうきちろうひでよし》とあらためました。

織田信長《おだのぶなが》は秀吉《ひでよし》の思《おも》ったとおりのすぐれた武将《ぶしょう》でした。

桶狭間《おけはざま》の合戦《かっせん》で、みごと大敵《たいてき》今川義元《いまがわよしもと》をやぶった信長《のぶなが》のつぎの目《もく》的《てき》は、美濃国《みののくに》を手《て》にいれることでした。だが美濃国《みののくに》の稲葉山城《いなばやまじょう》には斎藤竜興《さいとうたつおき》という殿《との》さまがいて、信長《のぶなが》なんぞに負《ま》けるものかと、がんばっていました。稲葉山城《いなばやまじょう》は前《まえ》に川《かわ》があり、うしろに山《やま》があるがんじょうな城《しろ》で、せめるのがたいへんです。

そこで川《かわ》のむこうがわにとりでをつくりせめることにしました。信長《のぶなが》の命令《めいれい》で、織田軍《おだぐん》の武将《ぶしょう》たちがつぎつぎととりでづくりに出《で》かけましたが、たちまち敵《てき》の攻撃《こうげき》をうけ、にげもどってきました。すると秀吉《ひでよし》がいいました。

「その仕事《しごと》をわたしにやらせてください。」

「なにをいうか。われわれにできなかった仕《し》事《ごと》をサルなんぞにできるわけがない。」

「サルの出《で》るまくではないわ。」

武将《ぶしょう》たちが口《くち》ぐちにいいました。すると、信長《のぶなが》がいいました。

「よし、やってみろ。」

秀吉《ひでよし》はすぐに家来《けらい》たちを集《あつ》め、川上《かわかみ》へ行《い》かせました。いつでもとりでがつくれるように木《き》をきっていかだを組《く》み、それに石《いし》をのせて川下《かわしも》へ運《はこ》ぶためです。たくさんのいかだができあがると、いよいよ稲葉山城《いなばやまじょう》へ出発《しゅっぱつ》しました。川《かわ》をわたりおえた木下軍《きのしたぐん》は城《しろ》のうしろの山《やま》からいくさをしかけました。

「とりでづくりはあきらめたらしいな。」

竜興《たつおき》はにんまりしました。山《やま》のほうからせめられてもこの城《しろ》はびくともしません。はげしいいくさがはじまりました。夜《よる》になるのをまって、秀吉《ひでよし》が命令《めいれい》しました。

「いかだをながせ。」

石《いし》をつんだいかだが、あとからあとからながれてきます。まちかまえていた石運《いしはこ》びの人夫《にんぷ》たちや大工《だいく》たちが、手《て》ばやく石垣《いしがき》をつみあげ、とりでのさくをつくりました。きちんと長《なが》さを決《き》め、組《く》みたてるばかりになっているので、とりではどんどんできていきます。手《て》わけして仕事《しごと》ができるように秀吉《ひでよし》は最初《さいしょ》からきちんとやくわりを決《き》めておいたのです。

夜《よ》が明《あ》けました。目《め》の前《まえ》にとつぜんあらわれたとりでを見《み》て、斎藤軍《さいとうぐん》は腰《こし》をぬかしました。あわててせめようとしても船《ふね》がながされていて川《かわ》をわたることができません。

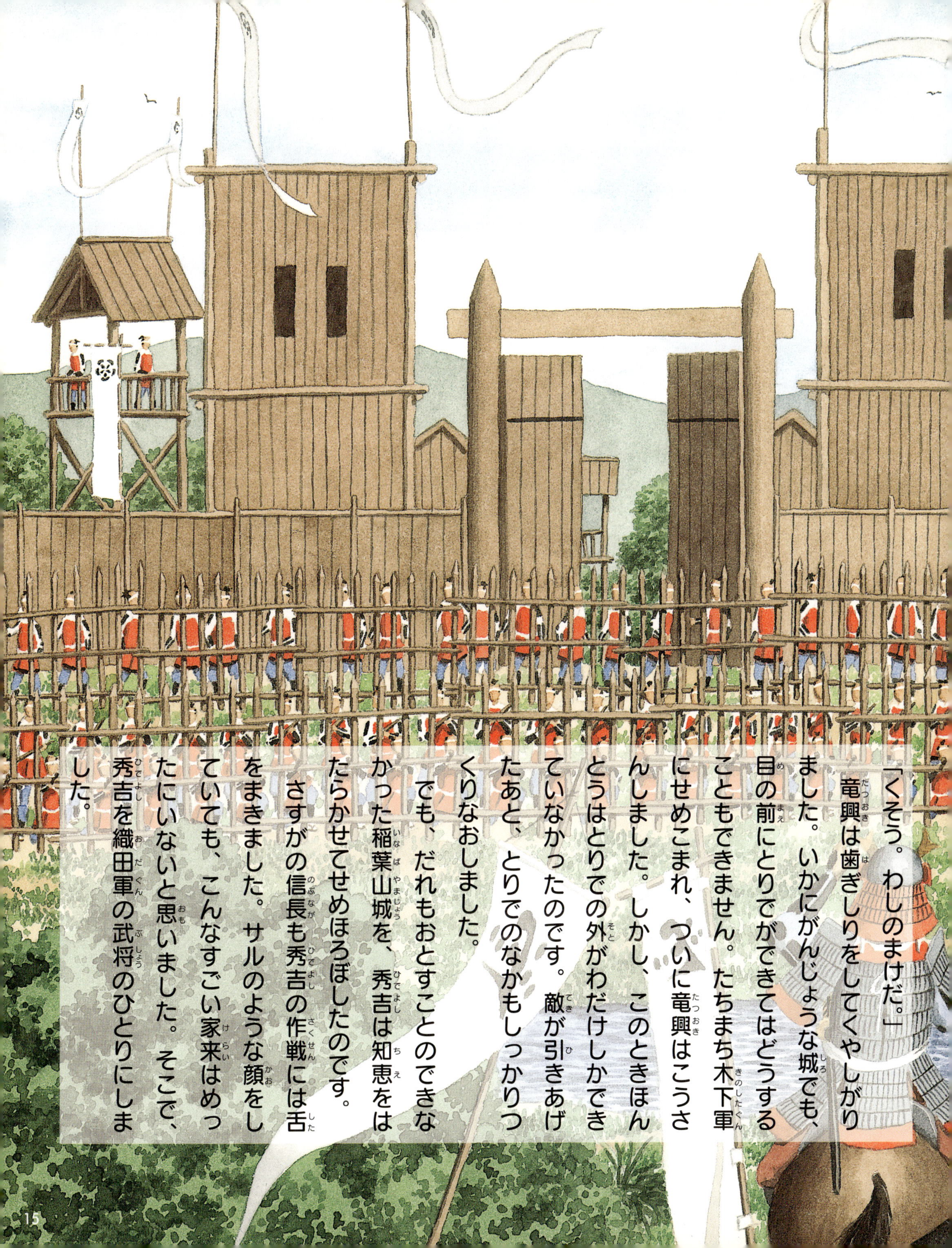

「くそう。わしのまけだ。」

竜興《たつおき》は歯《は》ぎしりをしてくやしがりました。いかにがんじょうな城《しろ》でも、目《め》の前《まえ》にとりでができてはどうすることもできません。たちまち木下軍《きのしたぐん》にせめこまれ、ついに竜興《たつおき》はこうさんしました。しかし、このときほんとうはとりでの外《そと》がわだけしかできていなかったのです。敵《てき》が引《ひ》きあげたあと、とりでのなかもしっかりつくりなおしました。

でも、だれもおとすことのできなかった稲葉山城《いなばやまじょう》を、秀吉《ひでよし》は知恵《ちえ》をはたらかせてせめほろぼしたのです。

さすがの信長《のぶなが》も秀吉《ひでよし》の作戦《さくせん》には舌《した》をまきました。サルのような顔《かお》をしていても、こんなすごい家来《けらい》はめったにいないと思《おも》いました。そこで、秀吉《ひでよし》を織《お》田軍《だぐん》の武将《ぶしょう》のひとりにしました。

　武将《ぶしょう》になった秀吉《ひでよし》は信長《のぶなが》を助《たす》けてはたらき、ついには中国地方《ちゅうごくちほう》の毛利軍《もうりぐん》をせめる総大将《そうだいしょう》にえらばれました。しかし、毛《もう》利方《りがた》の城《しろ》をつぎつぎとせめほろぼし、備《びっ》中国《ちゅうのくに》の高松城《たかまつじょう》をせめているとき、信長《のぶなが》が京都《きょうと》の本能寺《ほんのうじ》で味方《みかた》の明智光秀《あけちみつひで》に殺《ころ》されたという知《し》らせがとどきました。秀吉《ひでよし》は大《おお》いそぎでもどり、京都《きょうと》と大阪《おおさか》のあいだにある山崎《やまざき》というところで明智光秀《あけちみつひで》をたおしました。

　信長《のぶなが》がなくなったので、だれをあとつぎにするか重臣《じゅうしん》たちが集《あつ》まって相談《そうだん》をしました。すると秀吉《ひでよし》がいいました。

「信長《のぶなが》さまの長男《ちょうなん》である信忠《のぶただ》さまもなくなられたとあっては、信忠《のぶただ》さまの兄弟《きょうだい》でなく、信忠《のぶただ》さまの長男《ちょうなん》である三法師《さんぼうし》（のちの秀信《ひでのぶ》）さまがあとをつぐべきだ。」

　そのとき三法師《さんぼうし》はわずか三《さん》さい。でも、秀吉《ひでよし》は

「わしが三法師《さんぼうし》さまのうしろだてになり、織田家《おだけ》をまもる。」

とみんなをときふせてしまいました。

こうして秀吉《ひでよし》は信長《のぶなが》にかわって、天下一《てんかいち》の殿《との》さまになりました。秀吉《ひでよし》の力《ちから》によって日本《にほん》じゅうのさむらいたちがいくさばかりしていた時代《じだい》はようやく終《お》わりました。

やがて秀吉《ひでよし》は一度《いちど》に六万人《ろくまんにん》もの人《ひと》がはたらいたといわれる、大《おお》きくてごうかな大阪城《おおさかじょう》をつくり、そこで政治《せいじ》をおこない、全国《ぜんこく》の武将《ぶしょう》たちを自分《じぶん》の家来《けらい》にしました。城《しろ》のまわりは十四《じゅうよん》キロ。内堀《うちぼり》、外堀《そとぼり》の二重《にじゅう》の堀《ほり》でかこまれ、天守閣《てんしゅかく》は五層八重《ごそうはちじゅう》で、ここには秀吉《ひでよし》の集《あつ》めた金銀《きんぎん》や宝物《ほうもつ》がびっしりとおさめられていました。最上層《さいじょうそう》の屋根《やね》がわらには金《きん》をぬり、まさに金色《きんいろ》にかがやく城《しろ》であったといわれています。

また天皇《てんのう》におねがいして関白《かんぱく》という位《くらい》につき、豊臣《とよとみ》という姓《せい》をさずかりました。そこで京都《きょうと》の聚楽第《じゅらくてい》という別荘《べっそう》をつくり、天皇《てんのう》や公家《くげ》をまねいてたびたびお茶会《ちゃかい》をひらきました。別荘《べっそう》といっても東西《とうざい》六百《ろっぴゃく》メートル、南北七百《なんぼくななひゃく》メートルの広《ひろ》さで、屋敷《やしき》のなかには山《やま》も谷《たに》も池《いけ》もあるごうかなものでした。

もうだれひとりとして、秀吉《ひでよし》にさからうものはありません。信長《のぶなが》もなしとげられなかった天下人《てんかびと》になれたのです。富《とみ》も権力《けんりょく》も思《おも》いのままで、集《あつ》まってくる人《ひと》たちはだれもが秀吉《ひでよし》にひれふします。

思《おも》えば自分《じぶん》でも信《しん》じられない一生《いっしょう》でした。まずしいお百姓《ひゃくしょう》さんの子《こ》どもに生《う》まれながら、だれもまねのできない幸運《こううん》をつかむことができたのです。七さいでお寺《てら》へあずけられ、十五さいで家出《いえで》をし、十八さいで信《のぶ》長《なが》につかえるまで、どれほど多《おお》くの仕事《しごと》についたことか。商店《しょうてん》の小僧《こぞう》、かじ屋《や》、おけ屋《や》、油売《あぶらう》りなど、かぞえきれないほどです。ここまで出世《しゅっせ》できたのは、だれの力《ちから》でもない、自分《じぶん》の知恵《ちえ》と努力《どりょく》のおかげです。

金《きん》ぱくにかがやく茶室《ちゃしつ》で茶《ちゃ》をたてながら、秀吉《ひでよし》はしみじみとつぶやきました。

「わしは一国一城《いっこくいちじょう》の主《あるじ》になるのが夢《ゆめ》だったけれど、なんと日本《にほん》の国《くに》の主《あるじ》になってしまった。」

豊臣秀吉《とよとみひでよし》って どんな人《ひと》？

農民《のうみん》の子《こ》として生《う》まれ、天下統一《てんかとういつ》をはたした豊臣秀吉《とよとみひでよし》は、どのような人生《じんせい》をおくったのでしょうか。

農民《のうみん》の子《こ》だった秀吉《ひでよし》

豊臣秀吉《とよとみひでよし》は、一五三七年《ねん》二月六日《がつむいか》、尾張国《おわりのくに》（愛知県《あいちけん》）に生《う》まれたとつたえられています（一五三六年《ねん》一月一日《がつついたち》生《う》まれという説《せつ》もある）。くわしい史料《しりょう》がのこっていないため、子《こ》ども時代《じだい》の秀吉《ひでよし》についてわかっていることは、ほとんどありません。おさないころの名《な》前《まえ》を日吉丸《ひよしまる》といい、父《ちち》の弥右衛門《やえもん》は農《のう》民《みん》で、いくさのときだけ織田信長《おだのぶなが》の父《ちち》の信秀《のぶひで》がひきいる織田軍《おだぐん》の**足軽**《あしがる》として戦《たたか》っていたといいます。

秀吉《ひでよし》が七さいのとき、弥右衛門《やえもん》はいくさのときの傷《きず》がもとで、なくなってしまいました。母《はは》のなかは再婚《さいこん》しますが、のちにかかれた秀吉《ひでよし》の伝記《でんき》によると、義父《ぎふ》の竹阿弥《ちくあみ》と秀吉《ひでよし》は、性格《せいかく》があわなかったようです。

（1537～1598年《ねん》）

農民《のうみん》の子《こ》に生《う》まれ、天下統一《てんかとういつ》をなしとげた豊臣秀吉《とよとみひでよし》。

（「豊臣秀吉像《とよとみひでよしぞう》」 高台寺所蔵《こうだいじしょぞう》）

放浪《ほうろう》の旅《たび》に出《で》る

義父《ぎふ》がきたころから、秀吉《ひでよし》はお寺《てら》にあずけられたり、お米屋《こめや》さんやかじ屋《や》さんなどに小僧《こぞう》としてあずけられたりしましたが、どこも長《なが》つづきしませんでした。十五さいになった秀吉《ひでよし》は、母《はは》からゆずりうけた父《ちち》の形見《かたみ》の**永楽銭**《えいらくせん》でもめん針《ばり》を買《か》うと、それを売《う》りあるきながら東《ひがし》へむかったとつたえられています。

その旅《たび》の途中《とちゅう》であったのが、遠《とお》江国《うみのくに》（静岡県《しずおかけん》）をおさめる今川義元《いまがわよしもと》の家来《けらい》だった松下加兵衛《まつしたかへえ》です。秀吉《ひでよし》は加《か》兵衛《へえ》のために一生《いっしょう》けんめいはたらき、とうとう主《あるじ》のお金《かね》をあつかう納戸役《なんどやく》というだいじな仕事《しごと》をまかされるようになりました。しかしほかの家来《けらい》たちにねたまれ、秀吉《ひでよし》は加兵衛《かへえ》のもとをさります。生《う》まれ故郷《こきょう》にもどった秀吉《ひでよし》は、おさななじみの紹介《しょうかい》で織田信長《おだのぶなが》につかえるようになりました。

ぞうりとりから はじまった出世物語《しゅっせものがたり》

秀吉《ひでよし》が信長《のぶなが》の家来《けらい》になったのは一五五四年《ねん》、信長《のぶなが》が二十一さい、秀吉《ひでよし》が十八さいのときだったといわれています。信長《のぶなが》は身分《みぶん》の高《たか》い低《ひく》いに関係《かんけい》なく、能力《のうりょく》のある者《もの》を評価《ひょうか》しました。農民出《のうみんしゅっ》身《しん》の秀吉《ひでよし》は、信長《のぶなが》のためにどんな仕事《しごと》も手《て》をぬかず、はたらきました。

秀吉《ひでよし》のはたらきぶりのわかる逸話《いつわ》があります。ぞうりとりをまかされていた秀吉《ひでよし》は、ある冬《ふゆ》のさむい日《ひ》に、信長《のぶなが》にあたたかいぞうりをはいてもらおうと、ふところにいれてあたためていました。ぞうりをはいた信長《のぶなが》は、秀吉《ひでよし》がぞうりの上《うえ》にすわっていたのだと思《おも》いこみ、しかります。しかし事情《じじょう》をきいて、すっかり感心《かんしん》した信長《のぶなが》は、それからというもの、秀吉《ひでよし》を「サル」とよんでかわいがったといいます。

秀吉《ひでよし》は山《やま》で木《き》をきりだし、まきにして燃料費《ねんりょうひ》をうかせたり、ほかの人《ひと》が何日《なんにち》もかけてできなかった石《いし》垣《がき》の修理《しゅうり》をあっというまに終《お》わらせたり、機転《きてん》をきかせてはたらきました。信長《のぶなが》につかえて三年後《さんねんご》には、とうとう足軽大将《あしがるたいしょう》となります。

一五六〇年《ねん》、信長《のぶなが》は桶狭間《おけはざま》の戦《たたか》いで今川義元《いまがわよしもと》をやぶり、天下統一《てんかとういつ》にのりだします。翌年《よくとし》、秀吉《ひでよし》は前田犬千代《まえだいぬちよ》（のちの前田利家《まえだとしいえ》）にすすめられ、信長《のぶなが》の家来《けらい》の養女《ようじょ》おね（のちの北政所《きたのまんどころ》）と結《けっ》婚《こん》。秀吉《ひでよし》は二十五さい、おねは十四さいでした。また、このころから木下藤《きのしたとう》吉郎秀吉《きちろうひでよし》と名《な》のるようになりました。

秀吉《ひでよし》とおねの結婚式《けっこんしき》のようす。秀吉《ひでよし》はまだ身分《みぶん》が低《ひく》かったため、結婚式《けっこんしき》はささやかなものだった。
（「豊公娶婦図《ほうこうしゅふず》」　富岡鉄斎《とみおかてっさい》　豊国神社所蔵《とよくにじんじゃしょぞう》）

大名《だいみょう》になった秀吉《ひでよし》

桶狭間《おけはざま》の戦《たたか》いのあと信長《のぶなが》は美濃国《みののくに》（岐阜県《ぎふけん》）にせめいり、斎藤竜興《さいとうたつおき》の稲《いな》葉山城《ばやまじょう》をおとすのみとなりました。このとき秀吉《ひでよし》は敵《てき》の領地《りょうち》だった墨俣《すのまた》に、短期間《たんきかん》でとりでをきずき、せめおとすきっかけをつくったのでした。

信長《のぶなが》にみとめられた秀吉《ひでよし》は、ますます重要《じゅうよう》な役割《やくわり》をはたすようになりました。天下統一《てんかとういつ》を進《すす》める信長《のぶなが》は、朝倉義《あさくらよし》景《かげ》をせめにむかいますが、同盟《どうめい》をむすんでいた**浅井長政**《あざいながまさ》にうらぎられます。そこで、しんがりをつとめいのちがけで信長《のぶなが》をにがしたのも、秀吉《ひでよし》でした。

その後《ご》、信長《のぶなが》が浅井《あざい》・朝倉軍《あさくらぐん》をたおすのに活躍《かつやく》した秀吉《ひでよし》は、信長《のぶなが》から浅井《あざい》氏《し》の領地《りょうち》をあたえられました。信長《のぶなが》につかえて二十年《にじゅうねん》がたった一五七四年《ねん》のことで、十二万石《じゅうにまんごく》をもつ大名《だいみょう》となり羽《は》柴秀吉《しばひでよし》と名《な》のるようになります。

戦史《せんし》にのこる城《しろ》ぜめ

信長《のぶなが》から中国地方《ちゅうごくちほう》を支配《しはい》する毛利氏《もうりし》ぜめをまかされた秀吉《ひでよし》が、三木城《みきじょう》をせめほろぼすのにもちいたのは、兵糧《ひょうろう》ぜめという戦術《せんじゅつ》です。城《しろ》のまわりをとりかこみ、食料《しょくりょう》や水《みず》を運《はこ》べないようにするのです。二年《にねん》におよぶ包囲《ほうい》に三木城《みきじょう》内《ない》の食料《しょくりょう》はすべてなくなったといいます。「三木《みき》の干《ほし》ごろし」とよばれたこの戦《たたか》いは、三木城主《みきじょうしゅ》の別所長治《べっしょながはる》が切腹《せっぷく》し、そのかわりに城内《じょうない》の人《ひと》は助《たす》けるという条件《じょうけん》で、決着《けっちゃく》がつきました。

秀吉《ひでよし》はその後《ご》も鳥取城《とっとりじょう》を兵糧《ひょうろう》ぜめ、高松城《たかまつじょう》を水《みず》ぜめにするなど、味方《みかた》をへらさず、つぎつぎ城《しろ》をおとしたのです。

水《みず》にしずむ高松城《たかまつじょう》。左下《ひだりした》で馬《うま》にのっているのが秀吉《ひでよし》。

（「錦絵《にしきえ》　水攻防戦之図《みずこうぼうせんのず》」　大阪城天守閣所蔵《おおさかじょうてんしゅかくしょぞう》）

天下人《てんかびと》になった秀吉《ひでよし》

一五八二年《ねん》、高松城《たかまつじょう》の水《みず》ぜめをしていた秀吉《ひでよし》に、信長《のぶなが》が死《し》んだという知《し》らせが入《はい》りました。信長《のぶなが》は家臣《かしん》の明智光秀《あけちみつひで》のうらぎりにあい、本能寺《ほんのうじ》にいたところをせめられ自害《じがい》したのです。秀吉《ひでよし》は高松城主《たかまつじょうしゅ》の清水宗治《しみずむねはる》を切腹《せっぷく》させて毛利氏《もうりし》と和解《わかい》し、いくさを終《お》わらせました。いそいで京都《きょうと》にもどると、明智光秀《あけちみつひで》をたおし、信長《のぶなが》の仇《かたき》をとったのです。

秀吉《ひでよし》は一目置《いちもくお》かれる存在《そんざい》となりましたが、織田家第一《おだけだいいち》の家臣《かしん》だった柴田勝家《しばたかついえ》は不満《ふまん》でした。ついに賤ヶ岳《しずがたけ》の戦《たたか》いがおこると、秀吉《ひでよし》は勝家《かついえ》をやぶり、全国一《ぜんこくいち》の戦国武将《せんごくぶしょう》となって天下人《てんかびと》への第一歩《だいいっぽ》をふみだしたのです。

信長《のぶなが》と同盟《どうめい》をむすんでいた徳川家康《とくがわいえやす》は、秀吉《ひでよし》にとってもっとも手《て》ごわいライバルでした。小牧《こまき》・長久手《ながくて》の戦《たたか》いでひきわけると、秀吉《ひでよし》は自分《じぶん》の母親《ははおや》を人質《ひとじち》にさしだし、妹《いもうと》をとつがせて家康《いえやす》をしたがわせることに成功《せいこう》します。

一五九〇年《ねん》、北条氏《ほうじょうし》の小田原城《おだわらじょう》（神奈川県《かながわけん》）、さらに奥州《おうしゅう》（東北地方《とうほくちほう》）を平定《へいてい》した秀吉《ひでよし》は、信長《のぶなが》もなしえなかった天下統一《てんかとういつ》をなしとげたのでした。

秀吉《ひでよし》がたてた聚楽第《じゅらくてい》に後陽成天皇《ごようぜいてんのう》をまねいたときのようす。（「観能図屏風《かんのうずびょうぶ》」　神戸市立博物館所蔵《こうべしりつはくぶつかんしょぞう》）

波乱《はらん》の人生《じんせい》の終《お》わり

農民《のうみん》の子《こ》から天下人《てんかびと》になった秀吉《ひでよし》は、大陸支配《たいりくしはい》の野望《やぼう》をいだくようになります。一五九二年《ねん》、十五万《じゅうごまん》の大軍《たいぐん》で朝鮮《ちょうせん》に出兵《しゅっぺい》（文禄《ぶんろく》の役《えき》）します。はじめは勝《か》っていた秀吉軍《ひでよしぐん》でしたが、日《ひ》がたつにつれて苦戦《くせん》をしいられました。五年後《ごねんご》、ふたたび出兵《しゅっぺい》（慶長《けいちょう》の役《えき》）したものの勝《か》つことはできず、秀吉《ひでよし》の死後《しご》、日本《にほん》にひきあげました。

一五九八年《ねん》、病気《びょうき》でねたきりとなっていた秀吉《ひでよし》は、側室《そくしつ》・淀殿《よどどの》とのあいだに生《う》まれた息子《むすこ》の秀頼《ひでより》のことを前田利家《まえだとしいえ》と徳川家康《とくがわいえやす》にたくし、六十二さいで波乱《はらん》の人生《じんせい》に幕《まく》をとじました。

秀吉《ひでよし》のものといわれるかぶと。
（「馬藺後立付兜《ばりんうしろだてつきかぶと》（模《も》）」　大阪城天守閣所蔵《おおさかじょうてんしゅかくしょぞう》）

豊臣秀吉《とよとみひでよし》のおこなった政治《せいじ》

天下統一《てんかとういつ》をはたした秀吉《ひでよし》は、つぎつぎと重要《じゅうよう》な政策《せいさく》をおこない、支配《しはい》をつよめました。

太閤検地《たいこうけんち》

一五八二～九八年《ねん》にかけ、秀吉《ひでよし》は大《だい》きぼな検地《けんち》をおこないました。検地《けんち》とは、土地《とち》の広《ひろ》さや米《こめ》の収穫高《しゅうかくだか》を調《しら》べる調査《ちょうさ》のことです。検地《けんち》はそれまでもおこなわれていましたが、広《ひろ》さと収穫高《しゅうかくだか》をはかる基準《きじゅん》がまちまちでした。そのため農民《のうみん》は実際《じっさい》よりもせまく申告《しんこく》して、年貢《ねんぐ》をごまかすことがありました。

そこで秀吉《ひでよし》は、計量《けいりょう》の基準《きじゅん》を全国的《ぜんこくてき》に統一《とういつ》し、その土地《とち》から収穫《しゅうかく》できる米《こめ》の量《りょう》を正確《せいかく》に調《しら》べ、検地帳《けんちちょう》（検地《けんち》の結果《けっか》をかきとめる記録帳《きろくちょう》）をつくりました。さらには農民《のうみん》に土地《とち》をあたえるという口実《こうじつ》でその土地《とち》にしばりつけ、きびしく年貢《ねんぐ》をとりたてることにしたのです。

秀吉《ひでよし》は養子《ようし》の豊臣秀次《とよとみひでつぐ》に関白《かんぱく》（天皇《てんのう》を補佐《ほさ》する役目《やくめ》）の位《くらい》をゆずり太閤《たいこう》とよばれていたため、秀吉《ひでよし》のおこなった検地《けんち》を、太閤検地《たいこうけんち》といいます。

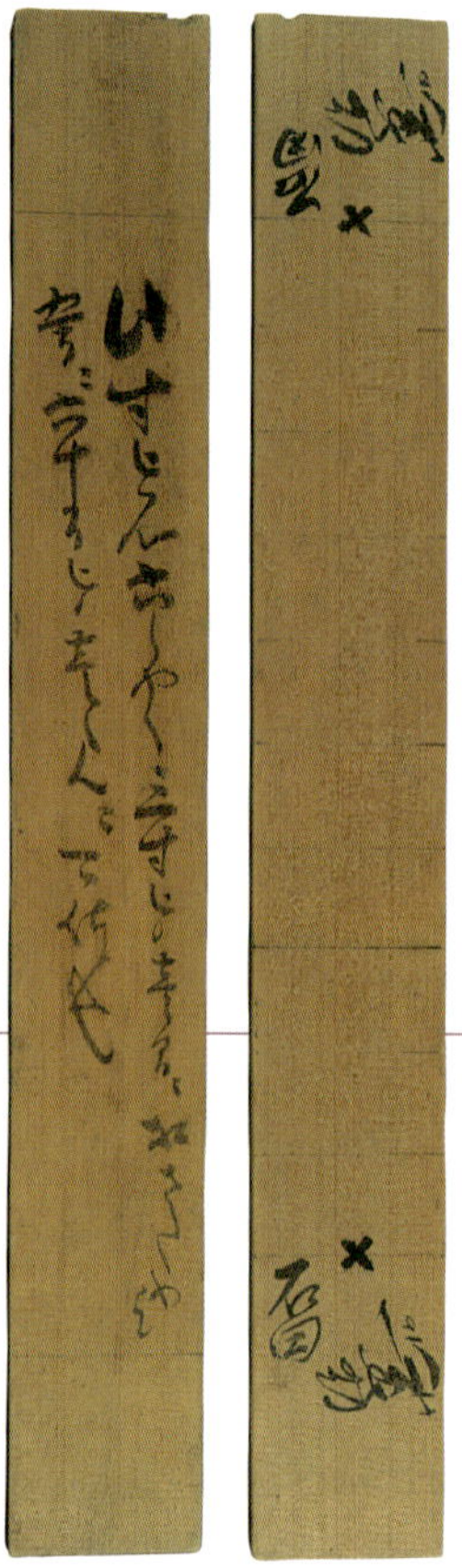

検地《けんち》でつかわれたものさし（右《みぎ》が表《おもて》、左《ひだり》が裏《うら》）。×印《じるし》から×印《じるし》までが1尺《しゃく》（約《やく》30cm）。検地《けんち》をとりしきる役目《やくめ》をしていた石田《いしだ》三成《みつなり》の名前《なまえ》がある。
（「検地尺《けんちじゃく》」　尚古集成館所蔵《しょうこしゅうせいかんしょぞう》）

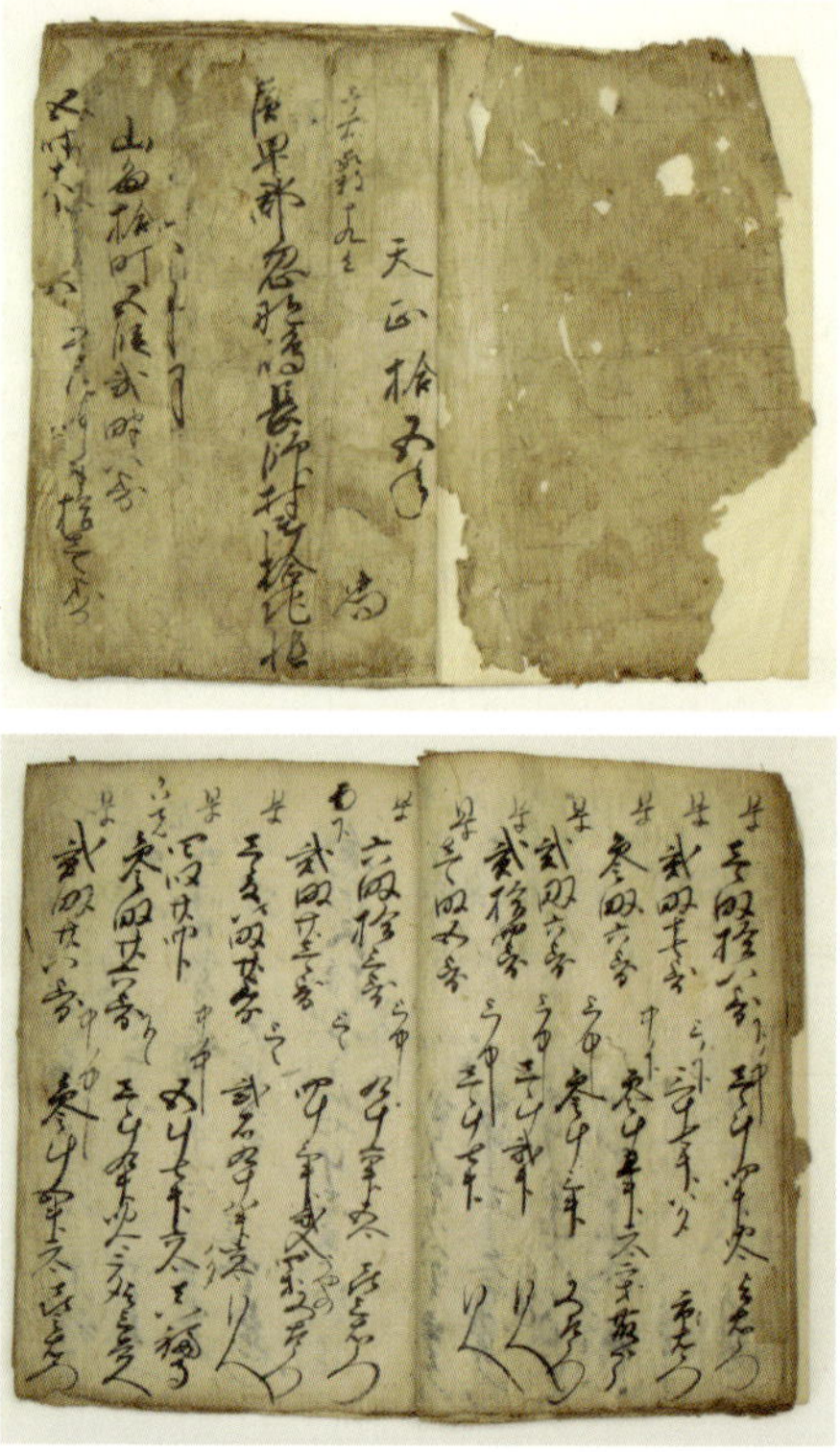

秀吉《ひでよし》が検地《けんち》をおこなったときにつくられた検地帳《けんちちょう》。
（「天正《てんしょう》15年《ねん》　長師村御検地帳《ちょうしむらごけんちちょう》」）

刀《かたな》狩《がり》令《れい》

戦《せん》国《ごく》時《じ》代《だい》、農《のう》民《みん》たちはいくさがあると兵《へい》士《し》として戦《たたか》いました。そのため武《ぶ》器《き》をもっていましたが、一《いっ》揆《き》をおこし大《だい》名《みょう》たちに対《たい》抗《こう》することもありました。

秀《ひで》吉《よし》は平《へい》和《わ》な世《よ》の中《なか》では農《のう》民《みん》に武《ぶ》器《き》はいらないと、「刀《かたな》狩《がり》令《れい》」を出《だ》して、農《のう》民《みん》から武《ぶ》器《き》をとりあげました。これによって、武《ぶ》器《き》をもって支《し》配《はい》する武《ぶ》士《し》と、年《ねん》貢《ぐ》をおさめる農《のう》民《みん》に身《み》分《ぶん》をはっきりとわけたのです。

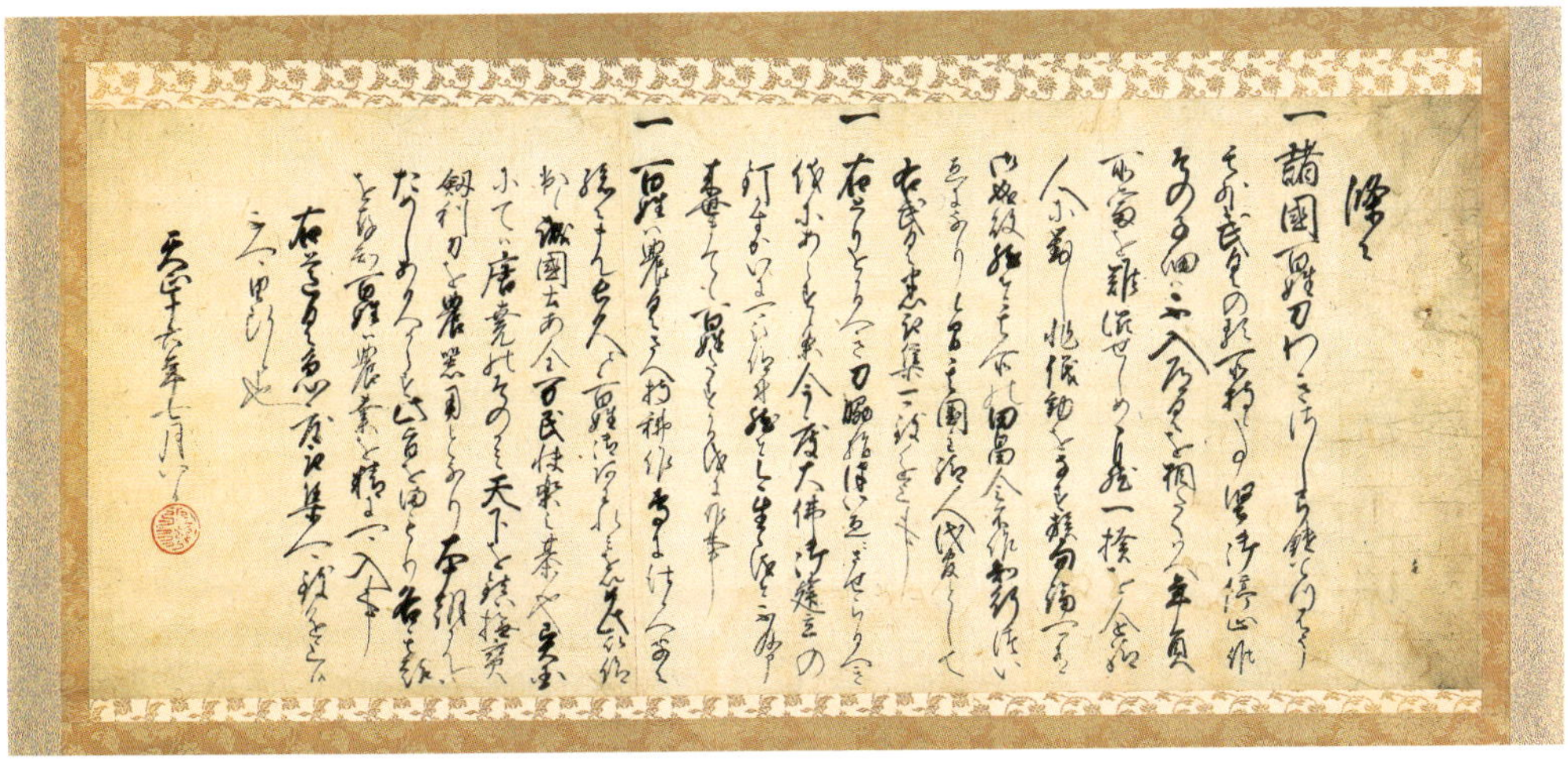

農民《のうみん》から天下人《てんかびと》になった秀吉《ひでよし》が出《だ》した刀狩令《かたながりれい》は身分制度《みぶんせいど》をつくり、以後《いご》、農民《のうみん》が武士《ぶし》になることはなくなってしまった。 （「豊臣秀吉朱印刀狩条目《とよとみひでよししゅいんかたながりじょうもく》 天正《てんしょう》16年《ねん》7月8日付《がつようかづけ》」 大阪城天守閣所蔵《おおさかじょうてんしゅかくしょぞう》）

大《おお》阪《さか》のいしずえをきずいた秀《ひで》吉《よし》

全《ぜん》国《こく》を統《とう》一《いつ》した秀《ひで》吉《よし》が政《せい》治《じ》の中《ちゅう》心《しん》地《ち》にえらんだのは、大《おお》阪《さか》（秀《ひで》吉《よし》の時《じ》代《だい》は大《おお》坂《さか》とかいた）でした。南《なん》蛮《ばん》貿《ぼう》易《えき》でさかえた堺《さかい》のある大《おお》阪《さか》は商《しょう》業《ぎょう》の中《ちゅう》心《しん》地《ち》でした。京《きょう》都《と》や奈《な》良《ら》にもちかく、海《かい》路《ろ》をつかえば中《ちゅう》国《ごく》地《ち》方《ほう》や九《きゅう》州《しゅう》地《ち》方《ほう》に行《い》くのも便《べん》利《り》でした。

現《げん》在《ざい》、西《にし》日《に》本《ほん》最《さい》大《だい》の都《と》市《し》となっている大《おお》阪《さか》のいしずえをきずいたのは、大《おお》阪《さか》城《じょう》をたて、城《じょう》下《か》町《まち》もととのえた、秀《ひで》吉《よし》なのです。

1583年《ねん》から2年《ねん》がかりできずかれた大阪城《おおさかじょう》は、1615年《ねん》におきた大阪夏《おおさかなつ》の陣《じん》で焼《や》けおち、淀殿《よどどの》と秀頼《ひでより》が自害《じがい》した。写真《しゃしん》は秀吉《ひでよし》のころの大阪城《おおさかじょう》の復元模型《ふくげんもけい》。 （「豊臣時代大坂城本丸復元模型《とよとみじだいおおさかじょうほんまるふくげんもけい》（南《みなみ》より望《のぞ》む中景版《ちゅうけいばん》）」 大阪城天守閣所蔵《おおさかじょうてんしゅかくしょぞう》）

豊臣秀吉《とよとみひでよし》が生《い》きた 安土桃山時代《あづちももやまじだい》

秀吉《ひでよし》が政権《せいけん》をにぎっていた時代《じだい》は、大名《だいみょう》や商人《しょうにん》たちにささえられ、きらびやかな文化《ぶんか》が生《う》まれました。

安土桃山時代《あづちももやまじだい》の文化《ぶんか》

織田信長《おだのぶなが》と豊臣秀吉《とよとみひでよし》が政治《せいじ》の実権《じっけん》をにぎっていた時代《じだい》を、安土桃山時代《あづちももやまじだい》といいます。信長《のぶなが》が天下統一《てんかとういつ》をめざしたころ、南蛮《なんばん》（ヨーロッパ）からめずらしい品物《しなもの》や新《あたら》しい文化《ぶんか》が入《はい》ってきました。信長《のぶなが》の死後《しご》、天下統一《てんかとういつ》をはたした秀吉《ひでよし》は、きらびやかでごうかなものをこのみました。

秀吉《ひでよし》がとくにこのんだものが黄金《おうごん》でした。大阪城《おおさかじょう》の茶室《ちゃしつ》のかべやゆかを金《きん》ぱくばりにして、寝室《しんしつ》のゆかには金粉《きんぷん》がまかれていたといいます。いくさでつかう陣羽織《じんばおり》や軍配《ぐんばい》にもたくさん金《きん》をつかいました。

大名《だいみょう》やゆたかな商人《しょうにん》は金《きん》ぱくをはったふすまやびょうぶに、はでな色彩《しきさい》と大胆《だいたん》な構図《こうず》の絵《え》をきそってかざり、ごうかけんらんな文化《ぶんか》をささえました。

秀吉《ひでよし》のものといわれる陣羽織《じんばおり》。金《きん》ぱくに、とんぼとつばめ（正面《しょうめん》）の絵《え》がえがかれている。
（「蜻蛉燕文様陣羽織《とんぼつばめもんようじんばおり》（正面《しょうめん》）」　大阪城天守閣所蔵《おおさかじょうてんしゅかくしょぞう》）

茶《ちゃ》の湯《ゆ》

鎌倉時代《かまくらじだい》からはじまったお茶《ちゃ》をのむ風習《ふうしゅう》は、この時代《じだい》に茶《ちゃ》の湯《ゆ》として発展《はってん》しました。秀吉《ひでよし》も茶《ちゃ》の湯《ゆ》を楽《たの》しみ、大阪城《おおさかじょう》の天守閣《てんしゅかく》ができたときなど、なにかあると茶会《ちゃかい》をひらきました。

一五八七年《ねん》に北野天満宮《きたのてんまんぐう》（京都府《きょうとふ》）でひらいた大茶会《だいちゃかい》では、「茶《ちゃ》の湯《ゆ》がすきならだれでも参加《さんか》できる」と人《ひと》びとに知《し》らせました。それまで、武士《ぶし》や公家《くげ》だけの楽《たの》しみだった茶会《ちゃかい》に庶民《しょみん》も参加《さんか》できるということで評判《ひょうばん》をよび、千《せん》五百人以上《ごひゃくにんいじょう》もの人《ひと》が集《あつ》まったといわれています。

信長《のぶなが》、秀吉《ひでよし》につかえた画家《がか》、狩野永徳《かのうえいとく》の『唐獅子図屏風《からじしずびょうぶ》』。きらびやかな色彩《しきさい》と大胆《だいたん》な構図《こうず》で、安土桃山時代《あづちももやまじだい》の代表的《だいひょうてき》な作品《さくひん》。
（「唐獅子図屏風《からじしずびょうぶ》」　狩野永徳《かのうえいとく》　宮内庁三の丸尚蔵館所蔵《くないちょうさんのまるしょうぞうかんしょぞう》）

豆《まめ》ちしき

朝鮮出兵《ちょうせんしゅっぺい》による陶磁器《とうじき》の発展《はってん》

朝《ちょう》鮮半島《せんはんとう》でつくられた陶磁器《とうじき》が日本《にほん》につたえられたのは、室町《むろまち》時代《じだい》のはじめです。美《うつく》しい朝鮮《ちょうせん》の陶磁《とうじ》器《き》は、日本人《にほんじん》のあこがれとなりました。

秀吉《ひでよし》の朝鮮出兵《ちょうせんしゅっぺい》では、大名《だいみょう》たちはおおぜいの陶工《とうこう》を捕虜《ほりょ》として日本《にほん》につれてきて、自分《じぶん》たちの領土《りょうど》で陶磁器《とうじき》をつくらせました。なかでも肥前国《ひぜんのくに》（佐賀県《さがけん》・長崎県《ながさきけん》）の大名《だいみょう》、鍋島直茂《なべしまなおしげ》は二百《にひゃく》以上《いじょう》の窯《かま》をひらき、天狗谷《てんぐだに》の窯《かま》でつくらせた陶磁器《とうじき》は「有田焼《ありたやき》」として現在《げんざい》でも人気《にんき》があります。

いっぽう、朝鮮半島《ちょうせんはんとう》では質《しつ》の高《たか》い陶磁器《とうじき》をつくる技術《ぎじゅつ》が、しばらくのあいだとだえてしまったといいます。

大茶会《だいちゃかい》のひらかれた北野天満宮《きたのてんまんぐう》（京都府《きょうとふ》）本殿《ほんでん》と、ゆかりの太閤井戸《たいこういど》。
（写真提供《しゃしんていきょう》：北野天満宮《きたのてんまんぐう》）

千利休《せんのりきゅう》（一五二二～一五九一年《ねん》）

千利休《せんのりきゅう》は、北野天満宮《きたのてんまんぐう》の大茶会《だいちゃかい》をとりしきった。むだをなくした茶室《ちゃしつ》で茶《ちゃ》の湯《ゆ》をあじわう「わび茶《ちゃ》」を完成《かんせい》させ、天下一《てんかいち》の茶人《ちゃじん》といわれたが、秀吉《ひでよし》のいかりを買《か》い、切腹《せっぷく》させられた。

信長《のぶなが》や秀吉《ひでよし》に茶《ちゃ》をつうじてつかえた。
（「千利休居士像《せんのりきゅうこじぞう》」　長谷川等伯《はせがわとうはく》　不審菴所蔵《ふしんあんしょぞう》）

もっと知《し》りたい！ 豊臣秀吉《とよとみひでよし》

豊臣秀吉《とよとみひでよし》にかかわる展示《てんじ》がある博《はく》物館《ぶつかん》やゆかりの場所《ばしょ》、秀吉《ひでよし》についてかかれた本などを紹介《しょうかい》します。

資料館《しりょうかん》 博物館《はくぶつかん》
史跡《しせき》 遺跡《いせき》
豊臣秀吉《とよとみひでよし》についてかかれた本《ほん》

市立長浜城歴史博物館《しりつながはまじょうれきしはくぶつかん》

見《み》どころは、秀吉《ひでよし》ゆかりの絵図《えず》や遺品《いひん》。

〒526-0065
滋賀県長浜市公園町《しがけんながはましこうえんちょう》10-10
☎0749-63-4611
http://www.city.nagahama.shiga.jp/section/rekihaku/

大阪城天守閣《おおさかじょうてんしゅかく》

秀吉《ひでよし》と安土桃山文化《あづちももやまぶんか》についての展示《てんじ》がたくさんある。

〒540-0002
大阪府大阪市中央区大阪城《おおさかふおおさかしちゅうおうくおおさかじょう》1-1
☎06-6941-3044
http://www.osakacastle.net/index.html

1615年《ねん》の大阪夏《おおさかなつ》の陣《じん》で焼《や》けおちた天守閣《てんしゅかく》は、1665年《ねん》に再建《さいけん》されたものの、落雷《らくらい》によってふたたび焼失《しょうしつ》した。現在《げんざい》の天守閣《てんしゅかく》は、1931年《ねん》につくられ、1995〜1997年《ねん》にかけて改修《かいしゅう》されたもの。

長浜城《ながはまじょう》は秀吉《ひでよし》がはじめて一国一《いっこくいち》城《じょう》の主《あるじ》となったときの拠点《きょてん》。

豊国神社《とよくにじんじゃ》

秀吉《ひでよし》をまつる神社《じんじゃ》。秀吉《ひでよし》の遺品《いひん》を展示《てんじ》する宝物館《ほうもつかん》などがある。

〒605-0931
京都府京都市東山区大和大路正面茶屋町《きょうとふきょうとしひがしやまくやまとおおじしょうめんちゃやちょう》530
☎075-561-3802

参道《さんどう》の唐門《からもん》は、安土桃山風《あづちももやまふう》の建築《けんちく》で、秀吉《ひでよし》がきずいた伏見城《ふしみじょう》の城門《じょうもん》といわれ、国宝《こくほう》に指定《してい》されている。

『これだけは読《よ》みたい　わたしの古典《こてん》 太閤記《たいこうき》』

文《ぶん》／古田足日《ふるたたるひ》　絵《え》／田島征三《たしませいぞう》
童心社《どうしんしゃ》　2009年《ねん》

秀吉《ひでよし》の生涯《しょうがい》を、少年時代《しょうねんじだい》を中心《ちゅうしん》にえがいている。

さくいん・用語解説《ようごかいせつ》

■監修

小和田　哲男（おわだ　てつお）

1944年静岡県生まれ。早稲田大学大学院文学研究科博士課程修了。現在、静岡大学名誉教授。日本中世史を専攻。文学博士。著書に『戦国武将』『軍師・参謀』（中央公論新社）、『戦国の参謀たち』（実業之日本社）、『日本の歴史がわかる本』『関ヶ原の戦い　勝者の研究・敗者の研究』（三笠書房）、『石田三成』『明智光秀』『豊臣秀次』（PHP研究所）、『戦国の城』（学習研究社）などがある。

■文（2～21ページ）

西本　鶏介（にしもと　けいすけ）

1934年奈良県生まれ。評論家・民話研究家・童話作家として幅広く活躍する。昭和女子大学名誉教授。各ジャンルにわたって著書は多いが、伝記に『心を育てる偉人のお話』全3巻、『徳川家康』、『武田信玄』、『源義経』、『独眼竜政宗』（ポプラ社）、『大石内蔵助』、『宮沢賢治』、『夏目漱石』、『石川啄木』（講談社）などがある。

■絵

青山　邦彦（あおやま　くにひこ）

東京都生まれ。建築設計事務所勤務を経て、絵本作家となる。2002年ボローニャ国際絵本原画展ノンフィクション部門入選。第20回ブラティスラヴァ世界絵本原画展出展。おもな作品に『たのしいたてもの』『てんぐのきのかくれが』（教育画劇）、『こびとのまち』（パロル舎）、『ドアーフじいさんのいえづくり』（フレーベル館）、『むしのおんがくがっこう』（あかね書房）などがある。

企画・編集　こどもくらぶ（長谷川　未緒・阿部　梨花子）
装丁・デザイン　長江　知子
D　T　P　株式会社エヌ・アンド・エス企画

■主な参考図書

『日本城郭大系第7巻　新潟・富山・石川』
編/平井聖ほか　新人物往来社　1980年
『人物と文化遺産で語る日本の歴史　第5巻　戦国の英雄たち』
著/古川清行　みずうみ書房　1981年
『人物日本の歴史　第9巻　豊臣秀吉と天下統一』
監修/芳賀登　著/岡本文良　学習研究社　1984年
『日本の南蛮文化』監修/松田毅一　著/東光博英　淡交社　1993年
『織豊政権と江戸幕府』著/池上裕子　講談社　2002年
『ビジュアル版　日本の歴史を見る5　群雄割拠と天下統一』
監修/小和田哲男　世界文化社　2006年
『事典にのらない戦国武将の居城と暮らし』　新人物往来社　2008年
『人物なぞとき日本の歴史4　戦国・安土桃山・江戸時代前期』
監修/高野尚好　小峰書店　2008年
『この人を見よ！　歴史をつくった人びと伝12　豊臣秀吉』
編/プロジェクト新・偉人伝　ポプラ社　2009年
『地図で読み解く戦国合戦の真実』
監修/小和田哲男　小学館　2009年

よんで しらべて 時代がわかる　ミネルヴァ日本歴史人物伝
豊臣秀吉
――天下統一への道――

2010年11月10日　初版第1刷発行　検印廃止

定価はカバーに
表示しています

監修者　小和田哲男
文　西本鶏介
絵　青山邦彦
発行者　杉田啓三
印刷者　金子眞吾

発行所　株式会社　ミネルヴァ書房
607-8494　京都市山科区日ノ岡堤谷町1
電話 075-581-5191／振替 01020-0-8076

 印刷・製本　凸版印刷株式会社

ISBN978-4-623-05882-2
NDC281/32P/27cm
Printed in Japan

よんでしらべて 時代がわかる

ミネルヴァ 日本歴史人物伝

聖徳太子《しょうとくたいし》
監修 山岸良二　文 西本鶏介　絵 たごもりのりこ

聖武天皇《しょうむてんのう》
監修 山岸良二　文 西本鶏介　絵 きむらゆういち

紫式部《むらさきしきぶ》
監修 朧谷寿　文 西本鶏介　絵 青山友美

源頼朝《みなもとのよりとも》
監修 木村茂光　文 西本鶏介　絵 野村たかあき

足利義満《あしかがよしみつ》
監修 木村茂光　文 西本鶏介　絵 宮嶋友美

雪舟《せっしゅう》
監修 木村茂光　文 西本鶏介　絵 広瀬克也

織田信長《おだのぶなが》
監修 小和田哲男　文 西本鶏介　絵 広瀬克也

豊臣秀吉《とよとみひでよし》
監修 小和田哲男　文 西本鶏介　絵 青山邦彦

徳川家康《とくがわいえやす》
監修 大石学　文 西本鶏介　絵 宮嶋友美

杉田玄白《すぎたげんぱく》
監修 大石学　文 西本鶏介　絵 青山邦彦

坂本龍馬《さかもとりょうま》
監修 大石学　文 西本鶏介　絵 野村たかあき

福沢諭吉《ふくざわゆきち》
監修 安田常雄　文 西本鶏介　絵 たごもりのりこ

27cm　32ページ　NDC281　オールカラー
小学校低学年～中学生向き

日《に》本《ほん》の歴史《れきし》年表《ねんぴょう》

時代《じだい》	年《ねん》	できごと	このシリーズに出《で》てくる人物《じんぶつ》
旧石器時代《きゅうせっきじだい》	四〇〇万年前《まんねんまえ》〜	採集《さいしゅう》や狩《か》りによって生活《せいかつ》する	
縄文時代《じょうもんじだい》	一三〇〇〇年前《ねんまえ》〜	縄文土器《じょうもんどき》がつくられる	
弥生時代《やよいじだい》	前《ぜん》四〇〇年《ねん》ごろ〜	稲作《いなさく》、金属器《きんぞくき》の使用《しよう》がさかんになる	
		小《ちい》さな国《くに》があちこちにできはじめる	
古墳時代《こふんじだい》	二五〇年《ねん》ごろ〜	大和朝廷《やまとちょうてい》の国土統一《こくどとういつ》が進《すす》む	
	五九三	聖徳太子《しょうとくたいし》が摂政《せっしょう》となる	聖徳太子《しょうとくたいし》
	六〇七	小野妹子《おののいもこ》を隋《ずい》におくる	
	六四五	大化《たいか》の改新《かいしん》	
	七〇一	大宝律令《たいほうりつりょう》ができる	
奈良時代《ならじだい》	七一〇	都《みやこ》を奈良《なら》（平城京《へいじょうきょう》）にうつす	
	七五二	東大寺《とうだいじ》の大仏《だいぶつ》ができる	聖武天皇《しょうむてんのう》
平安時代《へいあんじだい》	七九四	都《みやこ》を京都《きょうと》（平安京《へいあんきょう》）にうつす	
		藤原氏《ふじわらし》がさかえる	
		『源氏物語《げんじものがたり》』ができる	紫式部《むらさきしきぶ》
	一一六七	平清盛《たいらのきよもり》が太政大臣《だいじょうだいじん》となる	
	一一八五	源氏《げんじ》が平氏《へいし》をほろぼす	
鎌倉時代《かまくらじだい》	一一九二	源頼朝《みなもとのよりとも》が征夷大将軍《せいいたいしょうぐん》となる	源頼朝《みなもとのよりとも》
	一二七四	元《げん》がせめてくる	
	一二八一	元《げん》がふたたびせめてくる	
	一三三三	鎌倉幕府《かまくらばくふ》がほろびる	
南北朝時代《なんぼくちょうじだい》	一三三六	朝廷《ちょうてい》が南朝《なんちょう》と北朝《ほくちょう》にわかれ対立《たいりつ》する	
	一三三八	足利尊氏《あしかがたかうじ》が征夷大将軍《せいいたいしょうぐん》となる	